Matthias Sonnenberg
Die Eitelkeit ist Königin

Matthias Sonnenberg

Die Eitelkeit ist Königin

Aphorismen

Impressum

Bibliografische Information der Deutschen Nationalbibliothek: Die Deutsche Nationalbibliothek verzeichnet diese Publikation in der Deutschen Nationalbibliografie; detaillierte bibliografische Daten sind im Internet über http://dnb.dnb.de abrufbar.

Die automatisierte Analyse des Werkes, um daraus Informationen insbesondere über Muster, Trends und Korrelationen gemäß §44b UrhG („Text und Data Mining") zu gewinnen, ist untersagt.

© 2025 Matthias Sonnenberg

Verlag: BoD · Books on Demand GmbH, In de Tarpen 42, 22848 Norderstedt

Druck: Libri Plureos GmbH, Friedensallee 273, 22763 Hamburg

ISBN: 978-3-7693-0989-8

Vorwort

Jeder nachfolgende Gedanke erzählt eine kleine oder große Geschichte. Er ist kein trockener, theoretischer Stoff, sondern ein Konzentrat aus lebendigen Erfahrungen, Beobachtungen und Gefühlen. Nicht jedem werden diese Gedanken gefallen. Und mancher wird möglicherweise Widersprüche und Fehler darin suchen. Möglicherweise, weil er sich ertappt fühlt... Die Absicht des Buches ist es jedoch nicht, andere zu bloßzustellen, sondern die Macht unserer geheimen Antriebe wie Eitelkeit, Geltungsstreben, Gier, Rache, Neid zu ergründen, um ihnen weniger ausgeliefert zu sein und die verborgenen Seiten unseres vielschichtigen, widersprüchlichen, scheinbar verworren Wesens besser zu verstehen. Eine Möglichkeit, den Text gewinnbringend zu lesen, ist, ihn scheibchenweise durchzugehen. Schon ein Gedanke kann einen neuen, befreienden Blickwinkel eröffnen. Schon eine gelesene Seite kann das Gespür für moralische Missstände schärfen, was hilft, deren bedrückende Wirkung auf die Seele zu verringern. Doch entscheide selber, lieber Leser. Ich setze auf dein Mit- und Weiterdenken, um dem Geschriebenen die letzte Pointe und die letzte Wahrheit zu geben, insofern es diese überhaupt gibt...

1. Gespräche sind oft nebeneinander ablaufende Monologe, wie zwei sich nicht berührende Linien. Das Gesagte des anderen liefert nur Stoff für den nächsten Monolog und ist Futter für die eigene Eitelkeit.

2. Die Eitelkeit ist Opium. Und man ist enttäuscht, wenn der Verstand sie herunterkühlen muss, um Schaden oder Lächerlichkeit abzuwenden.

3. Wir können aus Geltungssucht handeln und glauben, es aus Liebe zu tun.

4. Die Eitelkeit ist Königin, der Egoismus ist König und wir sind ihr Reich. Ohne es zu wissen, ohne es zu bereuen, denn das Herrschaftspaar schaffte die Reue ab und setzte zusätzlich die Maske des Guten und Richtigen auf, um ihre Regentschaft zu verschleiern. Ein Förderer des Königspaares ist der Kapitalismus, der Tugenden in Untugenden und Untugenden in Tugenden verwandelte und die Welt in einen moralischen Abgrund stieß, der in einen Abgrund des Klimas mündete. Der Kapitalismus ist eine Zuspitzung und Ausweitung unserer Tierinstinkte, die mehr Macht über uns haben als die Früchte der Vernunft: Toleranz, Aufklärung, Weisheit, Moral, Offenheit, Nächstenliebe, Gerechtigkeit. Diese guten Werte sind meist kurzlebig und oberflächlich und nur Werkzeuge von Egoismus, Gier, Liebe, Erhöhungslust, Stolz, Eitelkeit, Geltungs- und Machthunger, Wachstumssucht oder Neid.

5. Unser Luxus ist uns wichtiger als Klima oder Moral, obgleich wir so tun, als wäre es nicht so. Darum treten wir nur für Nachhaltigkeit, Toleranz und Vielfalt ein, wenn es unserem guten Ruf, unserem Egoismus oder unserer eigenen Behaglichkeit nützt.

6. Wir folgen mehr der moralischen Mode als der wahren Moral.

7. Der Idealismus endet am Beginn der eigenen Bedürfnisse.

8. So wie es dünne, brüchige Böden gibt, unter der Magma kocht, so gibt es hierzulande eine oberflächliche Freundlichkeit, Toleranz und Offenheit unter der Erhöhungslust, Angst vor Strafe, Schuldgefühle, Neid, Rache und Geltungsstreben schwellen. Hierheraus dampfen bedrückende Stimmungen hervor, die deshalb so bedrückend sind, weil sie es scheinbar nicht sind.

9. Toleranz ist eine Anstecknadel, die vorrangig in der Öffentlichkeit getragen wird.

10. Der Radius der Toleranz geht selten über einen Millimeter hinaus.

8. Die gute Moral gebildeter Leute dient oft weniger dem Guten als ihrer Eitelkeit und ihrem Verlangen nach moralischer Geltung und Überlegenheit. Das Höhere ist Niederes, das vorgibt, hoch zu sein.

12. Wir leugnen unseren Egoismus vor anderen wie vor uns selbst.

13. Die Moral ist die liebste Schachfigur des Egoismus und Neides.

14. Der Egoismus bestimmt, ob die Wahrheit genannt oder nicht genannt, ausgeschmückt oder nicht ausgeschmückt, unmittelbar oder später, mit Lügen vermischt oder nicht vermischt und ob sie kühl oder leidenschaftlich vorgetragen wird. Und fast jeder der behauptet, ein Diener der Wahrheit zu sein, ist bloß ein Diener seiner verborgenen, eigennützig-

en Ziele.

15. Unser Egoismus dehnt die Wahrheit in jede beliebige Richtung.

16. Der Egoismus ist König und er regiert auch jenseits seines Reiches. Niemand ahnt, wie groß seine Macht wirklich ist.

17. Wir schreiben Erfolge immer uns und Misserfolge immer den widrigen Umständen zu.

18. Insgeheim glauben wir nur gute Eigenschaften zu besitzen. Anderen unterstellen wir, sogar unseren Freunden, vorrangig mäßige und schlechte Eigenschaften, die an unsere Leuchtkraft nicht heranreichen.

19. Wir beschuldigen andere für Dinge, die sie nicht getan haben, weil unsere Eitelkeit nicht das bekam, was sie verlangte.

20. Wir benutzen andere oft nur zum Putzen unserer Eitelkeit.

21. Wie Metronome schwanken wir zwischen dem, was unsere Eitelkeit, unsere Angst vor dem Tod, unsere Sehnsucht nach Liebe und Freundschaft, unsere Vernunft, unsere Laune, unserer Gier nach Geltung und Luxus, unserem Gewissen, unser Neid, unsere Gewohnheit oder unsere Träume verlangen. Und egal, welcher inneren Strömung wir folgen, wir sind mit unserer Wahl nie restlos zufrieden. Unsere Seele ist ein Kampfplatz gegensätzlicher Kräfte, Wünsche und Gefühle, und wir können schwer sagen, welche dieser uns am stärksten ausmacht. Wir sind lose Teile, die kein stimmiges Ganzes ergeben.

22. Unser Gesicht altert, nicht aber unsere Eitelkeit.

23. Der Mensch ist Knetmasse. Wohl am stärksten wird er von den Händen der Eitelkeit und dem Verlangen nach Aufmerksamkeit, Schönheit und Besitz zu der Figur geformt, die er ist, wenngleich er dieses Knetgebilde nicht wirklich ist.

24. Wir rechtfertigen unsere Fehler vor uns wie vor anderen. Doch die Fehler anderer rechtfertigen wir nur solange, wir sie mögen.

25. Selten ist vergebene Untreue restlos vergeben.

26. Unsere eigene Untreue erscheint uns harmloser als die unseres Partners.

27. Die Eifersucht ist eine Flamme, die nie gleich hoch brennt. Das, was sie anheizt, ist der nagende Zweifel an der Treue des Geliebten. Und stetig sucht der Verstand sein Misstrauen zu entkräften oder zu bestätigen. Doch je größer die Liebe, umso weniger findet die Stimme des Zweifels Gehör. Und manchmal ist es auch jene Ungewissheit oder verdrängte Untreue, die der Liebe neues Feuer und neue Tiefe gibt.

28. Unsere Eitelkeit entscheidet, wie schnell unsere Eifersucht abkühlt.

29. Nur wenn man jemanden nicht besitzen will, besitzt man ihn.

30. Es ist unerheblich, ob man in der Liebe treu oder untreu ist, man ist immer zufrieden und unzufrieden zugleich. Über die Unzufriedenheit tröstet uns in beiden Fällen unsere Eitelkeit hinweg: Treue legen wir uns als moralische Festigkeit, Untreue als Beweis der eigenen Anziehungskraft aus.

31. Obwohl viele untreu sind, gestehen sie ihrem Partner

keine Seitensprünge zu.

32. Treue ist auch Untreue an sich selbst, an den eigenen, verborgenen Wünschen.

33. Manche beenden Partnerschaften nur, weil sie nicht die Kraft haben, ihre Eifersucht einzugestehen. Das Ende ist die Rache für den Schaden, den die Eifersucht ihrer Eitelkeit zugefügt hat.

34. Rache ist Leid, das durch Leid geheilt werden soll.

35. Rache ist immer zu stark oder zu schwach.

36. Ruhm ist mitunter Rache.

37. Liebe und Lust erklärten vermutlich diejenigen zur Sünde, die selber keine Liebe fanden und eifersüchtig waren. Die Sünde ist versteckte Rache.

38. Unsere Rache trifft oft nicht den, der den Anlass für sie lieferte.

39. Auch Rache gehört zu den Fäden, die in den Teppich der Moral eingewoben werden. Sie bleiben oft unentdeckt, weshalb viele das Unbehagen nicht verstehen, dass sie fühlen, wenn sie es mit scheinbar Gutem, Moralischen zu tun haben.

40. Uns fehlt meistens die Geduld und Entschlossenheit, um unsere Rache zu beenden. Sie versiegt auf halber Strecke wie Wasser im Sand.

41. Die Geltungssucht ist eine Diva, die, findet sie keine Bühne, schreit, tobt und Gemeinheiten erdenkt, um doch ins Rampenlicht zu treten.

42. Die Geltungssucht vieler ist nur kopierte Geltungssucht aus TV und Instagram.

43. Man gefällt anders, als man glaubt, dass man gefällt.

44. Oft treibt Geltungsgier Politiker an. Und da die Sucht nach Anerkennung und Größe Schwäche ist, ist auch ihre Politik schwach. Unsere Antriebe sind in unser Handeln eingewoben wie Garn in Stoff.

45. Zeugen große SUV von Größe?

46. Wir wären nicht ruhmgierig, wären wir keine Tiere.

47. Aus Geltungsgier geben wir Dinge preis, die wir nie preisgeben wollten.

48. Es gibt allerlei bizarre Manöver, über die Aufmerksamkeit erregt werden soll. Und gäbe es heute keinen so großen Mangel an Beachtung und Zuwendung, würde das Seltsame weniger um sich greifen.

49. Ob echte Tätowierung oder vorgetäuschtes Leid, vieles ist bloß ein Schrei nach Aufmerksamkeit.

50. Man leidet mehr unter fehlender Schönheit als unter fehlender Klugheit.

51. In der Liebe steckt oft mehr Eitelkeit und Egoismus als Liebe.

52. Liebe macht dümmer und klüger.

53. Das Digitale ist ein Rohr, das das leidenschaftliche Spiel, die prickelnde Lust und den spontanen Flirt aus der Liebe saugte. So entstand eine (digitale) Wüste, welche die Herzen austrocknete.

54. Manche Liebe wäre glücklicher, gäbe es kein Hollywood.

55. Der Luxusneid ist noch mächtiger als der Luxus selbst.

56. Die Gier nach Luxus treibt alles an, sogar die Geringschätzung des Luxus.

57. Gespielte Moralität ist nicht selten Luxusneid.

58. Der Neid schafft mehr ungerechte Gerechtigkeit als gerechte.

59. Mehr auf Neid als auf Vernunft beruhen oft die wichtigsten Entscheidungen.

60. Freundschaften kühlen schnell sich ab, wenn der Erfolg eines Freundes zunimmt.

61. Nimmt der Erfolg ab, nimmt die Toleranz ab.

62. Der Adel ist eine Erfindung der Geltungssucht.

63. Adlige Leute sind einfache Leute. Sie erklären sich nur für edler und höherstehender, obgleich ihre Vorfahren nur machthungriger, rücksichtsloser, gieriger, geltungssüchtiger und gerissener waren, als andere.

64. Wahre Moral ist nur möglich, wenn unser Verstand über dem Tier in uns steht. Da der Verstand aber meist an der Kette unserer Instinkte hängt, wird weiterhin Gier, Herrschsucht, Eitelkeit und Revierdenken die Moral bestimmen und den Sieg der Vernunft verhindern.

65. Nichts ist übler als gebildete Männer und Frauen mit üblen Charakteren.

66. Das nicht wenige Männer so sonderbar wirken, liegt da-

ran, dass sich in ihre Rolle des fortschrittlichen, aufgeschlossenen, warmherzigen Mannes vielfach unterdrückte, dumpfe Antriebe mischen.

67. Viele Männer werden mehr und mehr zu der Rolle der einfühlsamen, netten, verständigen Person, die sie spielen. Dabei verleugnen sie vor sich und anderen, wer sie wirklich sind und verbittern. Hierdurch spielen sie ihre Rolle immer schlechter und werden zur schlechtesten Version ihres Selbst.

68. Wir sind es so gewohnt unsere Gefühle vor anderen zu verbergen, dass wir sie letztlich vor uns selbst verbergen.

69. Nichts spannt die Feder des Hasses mehr, als wenn er lange versteckt wurde.

70. Hass ist ein Feuer, das einmal höher und einmal tiefer brennt.

71. Wir legen es uns als Stärke und Weitsicht aus, wenn wir unserem Hass nicht folgen, obgleich wir nur aus Feigheit nichts gegen verachtungswürdige Menschen tun.

72. Wir hassen längst nicht alle, die wir hassen wollen.

73. Unser Hass ist unauflösbar, wenn wir das Gehasste auch mögen.

74. Am weitesten zieht uns versteckter Hass von uns selbst weg.

75. Die Wut, die uns trifft, gilt selten uns.

76. Oft treibt beschädigte Eitelkeit Rache an.

77. Wir verabscheuen uns mehr als die, die wir hassen, wenn

wir nicht den Mut fanden, ihnen unsere Verachtung zu zeigen.

78. Der schädlichste Neid ist der, den man vor sich selbst verleugnet.

79. Unser Neid hat mehr Masken als der Karneval in Köln.

80. Die Gärungsstufen des Neides sind anders als beim Wein nie süß.

81. Das manche im Denken und Handeln Zwerge blieben, obgleich sie Riesen hätten werden können, liegt mitunter daran, dass in ihnen eigener oder fremder Neid wirkte. Er hinderte sie daran, an sich zu glauben und ihre Stärken zu entfalten. Aus Enttäuschung darüber wurden sie gehässig. So ist Gemeinheit eine der Gärungsstufen des Neides.

82. Schöne Menschen trifft mehr Gutes und mehr Gemeines als andere.

83. Man könnte eine vielsagende, historische Karte entwerfen, die zeigt, welche Bewegungen in der Geschichte auf Neid und Eifersucht zurückgehen.

84. Es gibt nicht wenige Menschen, die vorrangig Zielen folgen, zu denen sie ihr Neid anstiftet.

85. Die Guten von heute sind die Gemeinen und Neidischen von morgen.

86. Unser Denken ist ein ruheloses Rad, das von immer neuen Gedanken und Gefühlen angetrieben und eingefärbt wird. Darum verwerfen wir heute, was wir gestern befürworteten, was bedeutet, dass wir unserem Verstand nie ganz trauen können.

87. Wer den Neid nicht versteht, versteht nicht die Welt.

88. Wir lassen unseren Neid vor uns nicht als Neid gelten. Wir wickeln ihn in das goldene Tuch der Gerechtigkeit.

89. Nicht alles Böse beruht auf Neid, doch sehr oft ist eine versteckte Priese Missgunst beigemischt.

90. Der Neid schafft es, dass an tüchtige, fähige Menschen höhere, moralische Anforderungen gestellt werden als an faule, unfähige.

91. Feindseligkeit entpuppt sich oft als Neid. Und oft führen die Beneideten die Abneigung gegen sie nicht auf Missgunst zurück, sondern auf ihre eigene Fehlerhaftigkeit.

92. Das Gewissen der Frauen ist eine Drüse, die oft Überfunktion hat.

93. Aus falschem Gewissen sind wir oft zu befangen, aus Wut oft zu unbefangen, wobei der erste Fehler nicht selten die Ursache des zweiten ist.

94. Nur scheinbar zwingen uns andere. Der Zwang kommt aus uns selbst.

95. Unsere Eitelkeit macht unseren Liebespartner zu einer Münze, die weniger oder mehr Wert hat als wir selbst.

96. Kaum ein Eitler weiß, wie eitel er ist.

97. Vielfach sind Liebesbeziehungen nur nachgeahmte Liebesfilme oder Liebesromane.

98. Das Frauen verliebte Männer mitunter ausnutzen, rechnen sie mehr ihrer Klugheit als ihrer Schamlosigkeit zu.

99. Nichts schadet Männern, die nach Liebe suchen, mehr, als wenn sie zu Clowns weiblicher Ansprüche und Launen werden.

100. Das nicht wenige in der Liebe niederträchtig sind, rührt da heraus, dass sie insgeheim glauben, über ihren Partnern zu stehen.

101. Das Glück oder Unglück der Liebe kommt selten aus ihr selbst.

102. Das wahre Liebe selten ist, kommt daher, dass Partnerschaften oft nur Tankstellen der Eitelkeit sind, Klärwerke schlechter Gefühle, Podeste der Erhöhung und Macht, Saftwiesen des Egoismus, Kurorte für seelische Wunden, Trostplätze verpasster Lebenschancen, Auszahlautomaten für fremdes Geld, Ventile für angestauten Hass, Erbschaftsbörsen, Bühnen der Geltungssucht oder Futtertröge für Faule.

103. Das Genie, das viele Eltern in ihren Kindern erkennen, entkommt mehr ihrer eignen Selbstherrlichkeit als kindlicher Hochbegabung. Und viele Vatis und Muttis würden nicht auf fremde Kinder und Eltern herabsehen, hielten sie sich selbst nicht insgeheim für Ausnahmekönner.

104. Wir wollen glänzen, glänzen, nichts sonst. Und noch im bescheidensten und unauffälligsten Menschen schwillt das Verlangen nach Ruhm, das von der Eitelkeit angeheizt und der Angst vor Lächerlichkeit und dem mangelnden Glauben an eigene Stärken abgekühlt wird.

105. Der Lorbeer, den wir durch große Anstrengungen erringen, ist fast immer überbezahlt.

106. Das Glück der Welt wäre größer, gäbe es weniger Menschen, die ihr Glück ausschließlich in Erfolg, Macht und Ruhm suchen.

107. Das Talent, die Schwächen anderer bloßzustellen, spielt meist mehr Anerkennung ein als echte Stärke.

108. Wichtiges ist meist aufgelassenes Nichtiges.

109. Nichtigkeiten werden gern wie Ballons mit großer Bedeutung aufgeblasen. Besonders von denen, die unter Bedeutungslosigkeit leiden.

110. Es ist unmöglich, nicht hochnäsig zu werden, wenn man glaubt, schöner, besser oder reicher zu sein als andere. Und da die Gier nach Glanz, Luxus und Schönheit viele Tugenden auffraß, gilt es nicht mehr als unschön, seine Hochnäsigkeit zu zeigen.

111. Die Arroganz, die man sieht, ist oft bloß die Eisbergspitze.

112. Ehrlichkeit ist zuweilen ein Prügelstock, um andere kleiner zu machen.

113. Das Maß unserer Ehrlichkeit hängt vom Maß der Geltung ab, die sie uns einspielt.

114. Es ist vielen gleichgültig, ob sie lügen oder ehrlich sind, solange es ihrem Egoismus nützt und sie nicht fürchten müssen, als Lügner enttarnt zu werden.

115. Ehrlichkeit, die keine Rücksicht nimmt, ist stets ein Schlag ins Gesicht.

116. Es ist nicht klug, seine Selbstachtung von der Achtung

anderer abhängig zu machen, da diese so wechselhaft ist wie isländisches Wetter.

117. Wer sich selbst mag, will nicht von jedem gemocht werden.

118. So stolz wir auf unsere Ordnung, Pünktlichkeit und Regeltreue sind, sie sind auch ein beliebtes Werkzeug, um Macht auszuüben.

119. Es gibt Kleinkarierte, die nichts mehr schätzen als großspurige SUV.

120. Ausufernd und inbrünstig spricht man nur über die schlechten Eigenschaften anderer.

121. Was viele Deutsche so unangenehm und widersprüchlich macht, ist, dass sich in ihnen gute Werte mit dumpfen Begierden verbinden und bizarre Gemische bilden. So gibt es kleinliche Großkotze, ordnungsliebende Wahnsinnige, dumme Klugscheißer, leidenschaftliche Spießer, geputzte Seelenverwahrloste, menschenfeindliche Moralisten, in Ordnung und Pünktlichkeit gefangene Freigeister, habgierige Geizhälse, gewissenlose Gewissensmenschen, selbstlose Egoisten, missgünstige Gerechtigkeitsfanatiker oder humorlose Witzemacher...

122. Pünktlichkeit ist eine Tugend, in der ein kleinlicher Wahn steckt.

123. Mancher wäre pünktlich an seine Lebensziele gelangt, wäre er nicht immer so pünktlich gewesen.

124. Blühende Tugenden haben oft faule Wurzeln.

125. Die Melodie der Sprache stimmt die Seele. Und da

deutsch hart, kantig und kalt klingt, wird verständlich, warum es hierzulande viele kantige, harte und kalte Gefühle gibt.

126. So verschlungen wie ein Labyrinth wurde unsere Welt, was auch daran liegt, dass sich das vom Verstand Erschaffene mit unseren Instinkten und Begierden vermischte. Fortschritt, Technik, Kultur, TV, Recht, Moderne, Logistik... verband sich mit Gier, Machthunger, Geltung, Neid, Habsucht und ergab ein Wirrwarr aus bizarren Strukturen, Gefühlen und Regeln. Da wir jedoch einfache, begrenzte Wesen sind, brauchen wir eine einfache, begrenzte Welt, also das Gegenteil von dem, was wir erschufen.

127. Was viele Kluge abstoßend macht, ist, dass ihr Verstand vorrangig ihrer Eitelkeit dient.

128. Unser Verstand wächst und schrumpft mit unserem Mut.

129. Wir können nicht sehen, wo unser Verstand blind ist.

130. Der Verstand ist eine Treppe. Je mehr er denkt und je höher er steigt, umso mehr verändert sich für ihn die Größe und Farbe der Dinge. Der Fehler eines aufgestiegenen Verstandes liegt oft darin, dass er vergisst, dass der Verstand anderer nicht auf der gleichen Treppenstufe steht und nicht die gleichen Größen und Farben sieht wie er.

131. Kluge sind oft an den falschen Stellen klug.

132. Die Gegenwart ist verworren. Darum erfindet der Verstand kleine, übersichtliche Welten, die alles noch verworrener machen.

133. Bei vielen Leuten ist Geiz weniger die Angst vor Armut als eine zugespitzte Form des Egoismus.

134. Manche mischen Komplimente unter ihre Gemeinheiten, um sie noch gemeiner zu machen.

136. So wie Raubfische im Schilf auf leichte Beute lauern, so lauern Gekränkte, Gemeine und Neidische auf offene, unbeschwerte, herzliche Menschen.

137. Der Neid ist Fürst.

Die Luxusgier ist Kaiserin.

Die Eitelkeit ist Königin.

Der Egoismus ist König.

Die Machtsucht ist Baron.

Der Geiz ist Graf.

Der Stolz ist Prinz.

Die Habsucht ist Gräfin.

Die Dummheit ist Prinzessin.

Der Hass ist Voigt.

Die Wut ist Fürstin.

Die Lanzen und Schleier ihrer Adelsmacht sind Moral und Gerechtigkeit, ihre Soldaten sind Verstand und Vernunft. Damit regieren sie uns tiefgreifender als wir glauben.

138. Vorgetäuschte Liebe ist zuweilen Rache.

139. Die Rache der Frauen ist oft so fein, dass sie Männer nicht erkennen. Sie nehmen das Skalpell, wo Männer zur Axt greifen.

140. Frauen, die sich schön finden, urteilen milder.

141. Gemeinheit entspringt mitunter dem Gefühl, nicht schön zu sein.

142. Wer unserer Eitelkeit schmeichelte, dem verzeihen wir alles; wohingegen wir Leuten nicht den kleinsten Fehler nachsehen, wenn sie unsere Eitelkeit verletzten.

143. Wir müssen mit den Gespenstern leben, die andere zu sehen glauben.

144. Großzügigkeit zieht nicht immer Dankbarkeit nach sich. Vielmehr müssen gebefreudige Menschen mit wachgerütteltem Neid und Feindseligkeit rechnen.

145. Man ist weniger für andere großzügig als für sich selbst.

146. Auch das Wesen unserer Freigiebigkeit ändert sich mitunter. War man zu Anfangs aus Gutmütigkeit und Nächstenliebe großzügig, so können am Ende unsere Eitelkeit und unser Geltungsverlangen die Triebfedern unserer Gebefreude sein.

147. Wir wollen das Neue nur, weil es neu ist.

148. Wir lechzen mehr nach dem Neuen als nach dem Richtigen. Unsere Neugier betäubt genauso unseren Verstand wie unsere Gier nach Luxus und Schönheit.

149. Obwohl wir selber neugierig sind, verurteilen wir die Neugier anderer.

150. Unsere Neugier ist fast immer stärker als unser Schamgefühl gegenüber anderen.

151. Unsere Eitelkeit verleitet uns mitunter zu Handlungen, die uns zuwider sind.

152. In der Welt zeigen das Gute wie das Böse den Verlauf von Sinuskurven. Jedoch ist nicht immer das Böse oben, wo das Gute unten ist und eine Zunahme des Bösen kann auch eine Zunahme des Guten nach sich ziehen. Eine immer gleiche Linie weist allein unsere Eitelkeit auf, die mehr Böses und Gutes hervorbringt als irgendetwas sonst.

153. Nur die Eitelkeit anderer ist unerträglich.

154. Wir ertragen unbequeme Wahrheiten, solange sie unsere Eitelkeit nicht berühren.

155. Frei ist, wer nicht der Eitelkeit dient.

156. Es lügen mehr Leute aus Eitelkeit als aus Gemeinheit.

157. Eine aufblühende Eitelkeit ist ein Magier, der alles auf den Kopf stellt: aus Schüchternheit wird Hemmungslosigkeit, aus Bescheidenheit Frechheit, aus Feindschaft Freundschaft, aus Herzlichkeit Herablassung…

158. Ein Fehler ist, Unbeschwertheit nicht in sich selbst zu suchen.

159. Häufiger löst innere Leichtigkeit äußere aus als umgekehrt.

160. Die Gerechtigkeit löst sich oft, wie Schnee in der Sonne, im Egoismus auf.

161. Gesetzte, Normen und Regeln fußen häufig auf dem Egoismus Einzelner. Und steigt ein bedrückendes Gefühl auf, wenn man mit Moral und Recht und deren Anwendung

oder Nicht-Anwendung zu tun bekommt, dann liegt das an der dort eingewobenen Rücksichtslosigkeit und Einseitigkeit des Egoismus. Das führte zur einer Herrschaft des Schlechten und Halb-Schlechten, überhängt mit dem Mantel des Guten. Die Folge ist, dass wir in einer Welt des fremden Eigennutzes leben, die uns niederdrückt, ohne dass wir erkennen, weshalb.

162. Es werden mitunter Ungerechtigkeiten beklagt, die keine sind, weil die Gier nicht bekam, was sie verlangte und der Neid nicht zerstören konnte, was ihn hervorbrachte.

163. Über unsere Moral und unser Gewissen entscheiden mehr dumpfe, geltungssüchtige, kalte Menschen als fein abwägende, weitsichtige, herzliche.

164. Wahre Moral kommt auf leisen Sohlen.

165. Wahre Moral verhindert, wer Moral zur Selbstdarstellung nutzt.

166. Nicht nur in Afghanistan entscheiden Taliban über das Erlaubte und Nicht-Erlaubte. Überall gibt es selbsternannte Wächter der Moral, die im Namen des Guten ihr Verlangen nach Macht, Erhöhung und Unterdrückung ausleben.

167. Nicht selten wird Moral moralische Hysterie.

168. Jeder ist erbost, wenn man ihm Betrug zutraut, obgleich fast jeder betrügt.

169. Oft vermischen sich Habgier und Moral wie Tinte und Wasser. Dadurch wird das Gute schlecht und das Schlechte auch gut, was alles ins Wanken bringt.

170. Die meisten sehen mehr auf das, was sie gegeben, als

auf das, was sie bekommen. Deshalb glauben sie, freigiebiger und großzügiger zu sein, als sie es tatsächlich sind.

171. Es gibt Leute, die gewinnen und Leute, die verlieren, wenn man sie näher kennenlernt. Aber nicht immer sind die Ruhigen, Bescheidenen, Herzlichen die Sieger und die Lauten, Eigensinnigen, Launischen die Verlierer.

172. Kriege würden schneller enden, würden sie Stolz und Eitelkeit nicht immer wieder anheizen.

173. Die Gier ist Rausch, der mächtiger ist als er selbst.

174. Wir verabscheuen gierige Menschen. Doch womöglich hassen wir sie nur, weil sie den Radius unserer Gier beschränken.

175. Die Gier wächst mit jedem Bissen, den sie bekam, was nicht selten in eine die Vernunft verschlingende Maßlosigkeit mündet, die das Ende der Rücksicht gegen alles Gute, Gerechte und Verständige einläutet. Und jede Verschleierung, in die sich die Gier anfangs noch wickelte, verschwindet wie Morgendunst am Tag.

176. Die Gier ist ein trojanisches Pferd, das wieder und wieder ins Gute gezogen wird.

177. Unser Geiz wird oft zum Wahn, der übers Ziel hinausschießt.

178. Es gibt durch und durch geizige Menschen, die eine Art von Großzügigkeit haben, zu der wenige fähig sind.

179. Wir sind auf unterschiedlichen Feldern großzügig und geizig. Und so bizarr und widersprüchlich unsere Charak-

tere sind, so bizarr und widersprüchlich sind auch unsere Großzügigkeit und unser Geiz.

180. Die anderen sind geizig, man selbst ist sparsam.

181. Nicht jede Maskerade nötigen wir uns selbst auf.

182. Es gibt Zeiten und Menschen, die uns mehr Schauspielerei abverlangen als andere.

183. Der Individualismus ist eine der Masken des Egoismus.

184. Über unseren Gefühlen liegt oft eine Schicht Schauspielerei, und nichts unterscheidet uns mehr als die Dicke dieser Schicht und die Anlässe, wann sie sich zurückzieht und das Wahre freigibt.

185. Jedes Gesicht ist eine unheimliche Maske.

186. Wir dienen Antrieben, die wir nicht verstehen und die wir vor uns und vor anderen in unterschiedlichste Masken hüllen.

187. Das über uns vielfach die Fahne der Dummheit weht, kommt daher, das Egoismus, Habgier und Ruhmsucht die Moral regieren. Diese Antriebe machen den Verstand befangen und eng, und das, was an freiem Denken übrig bleibt, dient nur dem Vortäuschen von Offenheit, Toleranz und Gerechtigkeit.

188. Unser Leben ist eine Ansammlung loser Fetzen, die vielfach von unserer Eitelkeit und Gier nach Erfolg und Reichtum in einen Zusammenhang gebracht werden, den es nicht gibt. Die daraus entstehenden Falschheiten werden häufig Wirklichkeit und bestimmen unser Leben stärker als echte Tatsachen.

189. So wie lange Pullover unter kurzen Jacken immer wieder hervorrutschen, so rutscht hinter den Fassaden der Bescheidenheit und Güte immer wieder der Glaube hervor, Einstein, Ronaldo oder Rihanna zu sein.

190. Tätowierungen sind oft fehlende Beachtung.

191. Wer arrogant ist, will mehr sein, als er glaubt, dass er ist.

192. Manche recken die Nase nur in die Luft, um ihren eigenen Neid nicht riechen zu müssen.

193. So wie es eingebildete Menschen gibt, so gibt es auch eingebildete Völker. Und das Eine folgt nicht selten aus dem Anderen.

194. Der Glaube, anderen überlegen zu sein, entspringt dem Affen in uns. Er zeigt, dass unser Tier unseren Verstand regiert und ihn zum Werkzeug seiner haarigen Ziele macht.

195. Unsere Selbstüberhöhungen überragen oft noch den Mount Everest.

196. Die Schönheit anderer ist bloß ein Spiegel für unsere eigene Schönheit.

197. Es gibt eine Art der Liebe, die nie langweilig wird, selbst wenn man fürchtet, dass sie langweilig werden könnte.

198. Neid ist häufiger als glückliche Liebe.

199. Die Verteufelung der Untreue ist nicht selten fehlender Mut und fehlendes Talent zu eigener Untreue.

200. Nicht mangelnder Gesprächsstoff macht Liebespartner

schweigsam, sondern die Angst, ungewollt Seitensprünge preiszugeben.

201. Nicht wenige werden aus starker Verliebtheit so ungeschickt und schüchtern, dass sie außerstande sind, das Feuer der Liebe im anderen zu entfachen. Dadurch enden ihre Beziehungen, bevor sie begannen, obgleich ihre Gefühle viel tiefer waren als die in geglückten Beziehungen.

202. Das verliebte Frauen Männer nicht zu ihrem Partner machen, liegt mitunter daran, dass sie ihn zu sehr lieben und fürchten, seine Gunst im Spiel der Leidenschaft zu verlieren.

203. Wir beschämen unsere Freude nur, wenn sie uns beschämten.

204. Viele Gemeinschaften sind bizarre Puppentheater, wo jeder zugleich Marionette und Marionettenspieler ist.

205. Soll eine Frau ihren Liebhaber zu ihrem neuen Partner machen, muss er ihrer Eitelkeit mehr schmeicheln als ihr bisheriger Mann. Die Eitelkeit ist Königin.

206. Die Gemeinheiten mancher Männer sind die ihrer Frauen, welche in ihnen wie eine Saat aufgingen.

207. Ehen und Staaten zerspringen nicht, sie zerblättern.

208. Wie eine verborgene Gesteinsader durchzieht das Böse das Normale nicht selten. Und da wir mehr dem Normalen als unserer Vernunft folgen, folgen wir vielfach dem Schlechten, Neidhervorgebrachten und Gemeinen, ohne davon zu wissen.

209. Leute, die gelegentlich schlecht sind, sind gefährlicher als durchgängig schlechte.

210. Im Namen des Guten wird so mancher als schlecht gebrandmarkt, obgleich er nichts Schlechtes tat. Dahinter steckt nicht selten Neid, Eifersucht, Gier, Rache oder verletzte Eitelkeit, also genau das Üble, das man ihnen vorwirft. So sind die Jäger des Schlechten die wahrhaft Schlechten.

211. Staaten und Menschen unterscheidet auch ihr Abstand zum Barbarischen.

212. Manche sind religiös, weil sie nichts; andere, weil sie zu viel besitzen.

213. Wir wenden uns von Sterbenden ab, weil sie uns an unser eigenes Sterben erinnern.

214. Nicht der Tod erschüttert uns, wenn wir ihm begegnen, sondern die zerbrochene Illusion unserer Unsterblichkeit.

215. Das Furchtbare am Tod ist der furchtbare Umgang mit ihm.

216. Die Eitelkeit kann unser Entsetzen betäuben, das wir fühlen, wenn wir an unseren Tod denken: ein Seelentitan bekämpft einen anderen.

217. Wer mit seinem Tod im Reinen ist, ist mit allem im Reinen.

218. Wir leben in einer Welt des verdrängten Todes. Und viel Schiefes, Dummes und Unsinniges fiele weg, hätten wir die Kraft, unserem Tod ins Auge zu schauen.

219. Die Angst vor dem Tod ist ein Ungeheuer, für das wir mehrere Käfige haben. Doch immer wieder gelingt es ihm, auszubrechen und gerade dann, wenn wir es am wenigsten erwarten und ihm am wenigsten gewachsen sind.

220. So viele Wege es nach Berlin gibt, so viele Wege gibt es, seinen Tod vor sich zu leugnen.

221. Es ist im Umgang mit anderen, als wirke man in ein Dickicht hinein. Nie weiß man sicher, was daraus hervorspringt. So gibt es in der Welt mehr Unberechenbarkeit als Berechenbarkeit.

223. Jedes Gesicht ist ein Rätsel, das immer wieder gelöst werden will.

224. Andere kennen unsere Fassaden besser als wir selbst.

225. Da die Natur voller List und Täuschung ist, ist es auch der Mensch. Und selbst die Aufrichtigsten sind nie frei von Verstellung und Tücke.

226. Gerissen ist jeder; nur ist es jeder auf anderen Gebieten.

227. Man täuscht, wenn man glaubt, sich niemals zu täuschen.

228. Obwohl wir glauben, dass andere uns nicht durchschauen, durchschauen sie uns. Da wir uns selbst nur verschwommen kennen, kennen wir unsere wahren Wirkungen nicht und unsere Eitelkeit verhindert, dass wir sie sehen können.

229. Jeder ist solange ausgewogen und klar, solange es nicht um ihn selbst geht.

230. Unser Mitgefühl für Tiere hängt von der Tierart ab.

231. Es gibt Leute, die sich mit Minderheiten nur abgeben, um zu zeigen, dass sie freundlicher und toleranter sind als andere.

232. Was Mitgefühl scheint, ist nicht selten nur der Versuch,

Vertrauen zu schaffen, um dem Egoismus neue fruchtbare Felder zu erschließen.

233. Missgunst ist häufiger als Mitgefühl.

234. Ob Übles schwache oder starke Empörung auslöst, hängt nicht von der üblen Tat ab, sondern von unserem Mitgefühl für den Übeltäter.

235. Am häufigsten loben wir die, die wir fürchten.

236. Wir schwanken wie ein Pendel zwischen dem, was wir wollen und dem, was wir fürchten. Und selten gewinnt das Eine oder das Andere ganz.

237. Was wahre Gedanken immer unwahrer erscheinen lässt, ist langes Nachdenken über sie.

238. Das Digitale ist ein Vampir, der am Hals des wahren Lebens saugt. Darum gibt es überall blutleere, menschliche Hüllen ohne echte Leidenschaft und natürliche Freude.

239. Das Digitale ist der Pranger der Moderne.

240. Das Digitale ist der Wahn unserer Zeit.

241. Das Digitale ist der Turbo des Niederen.

242. Das Digitale ist das Versteck der Feiglinge.

243. Das Digitale ist der Multiplikator der Eitelkeit.

244. Das Digitale ist das Ventil des Neides.

245. Das Digitale ist der größte Fortschrittsrückschritt.

246. Das Digitale ist der Dieb der Geselligkeit.

247. Das Digitale ist ein Drachenschwert, das dem Bösen tausend neue Köpfe gibt.

248. Das Handy ist der neue Spiegel des Narziss.

249. Instagram formt die Welt stärker als Kirchen.

250. Oft wird Nächstenliebe nur gezeigt, weil es Mode ist, sie zu zeigen.

251. Wahre Moral kommt aus dem Gefühl des Richtigen und Guten, das in jedem Herzen verborgen liegt. Alles, was nicht aus dieser Quelle fließt, ist nicht wirklich gut.

252. Wahre Toleranz ist selten.

253. Menschen sind nicht immer wie Pilze, auch an Guten kann man sich den Magen verderben.

254. Es gibt mehr IKEA-isten als Idealisten.

255. So wie sich bei Ebbe das Meer zurückzieht, so zieht sich irgendwann der Idealismus wegen Überdruss am Ideellen, mangelndem Beifall oder aufkommendem Egoismus zurück.

256. Ideale sind nichts für Idealisten.

257. Die Ausgewogenheit und Vernunft, die man in die Liebe bringen will, macht sie noch unvernünftiger.

258. Große Ungerechtigkeiten sind ewig, da jene, die sie beenden könnten, fast immer Teil dieser sind.

259. Unerkannte Ungerechtigkeit gibt es reichlich und meist ist sie verheerender als erkannte.

260. Was so manchen erfolglos macht, ist nicht, dass er zu

wenige Projekte verfolgt, sondern zu viele und in einem Wirrwarr aus Halbfertigem lebt.

261. Die Erfolge Trumps sind Erfolge des Egoismus und der Beweis, dass nicht die Vernunft der Fixstern ist, dem die meisten folgen.

262. Manche sind aus Mangel, manche aus Überfluss an Lob eitel.

263. Wir würden weniger nach Komplimenten gieren, wenn die Eitelkeit nicht unsere wichtigste Glücksquelle wäre.

264. Die Eitelkeit ist der Motor, der die Leute dazu bringt, uferlos über sich selbst zu sprechen. Und da das Gesprochene den eigenen Verstand blendet, kann der Sprecher nicht erkennen, wie gelangweilt die Zuhörer davon sind und wie sehr diese danach lechzen, endlich von ihren Belangen zu reden.

265. Noch ärgerlicher als eine beleidigende Frechheit ist der Vorwurf gegen sich selbst, keine Gegenfrechheit gefunden zu haben.

266. Was als sachliches Gespräch daherkommt, ist oft bloß der Kampf zweier Eitelkeiten, der Drang, Recht zu behalten und das Bemühen, andere im Argumentieren zu übertreffen.

267. Sachlichkeit ist meist ein Zeichen für Abneigung.

268. Die beste Sachlichkeit ist bestenfalls versachlichte Unsachlichkeit.

269. So wie es Menschen gibt, die man nicht verstehen kann, wenn man nicht verworren denkt, so gibt es auch Sachlagen, die man in falschem Licht sieht, wenn der Verstand sie lo-

gisch betrachtet.

270. Leute, die die Zeit nicht kennen, kennen umso besser sich selbst.

271. Die größten Fehler machen immer die, die sie unbedingt vermeiden wollen.

272. Unsere eigenen Fehltritte vergessen wir leichter als die anderer.

273. Manche betrachten ihre Schwächen durch eine Lupe und vergrößern sie solange, bis sie glauben, ausschließlich aus Fehlern zu bestehen.

274. Am Tropf ihrer Schönheit hängen vorwiegend Schwache.

275. Aus verschmähter Liebe kann auch Gutes erwachsen.

276. Manche Frau würde weniger Gemeinheiten verteilen, wenn ihre übermäßige Angst und ihr übermäßiges Gewissen nicht stärker wären als ihre Lust auf Genuss, Liebe und Leichtigkeit.

277. Die Demokratie ist ein Selbstbedienungsregal für undemokratische Kräfte. Aber auch für demokratische, denn kein Demokrat ist gänzlich frei von den Begierden, die einer Demokratie entgegenstehen.

278. Die Demokratie wankt, wo das Tier in uns stärker wird als die Vernunft. Das Tier will herrschen (Autokratie), da es dumpfe, raue Natur ist. Die Vernunft schwächt dieses Wollen ab, ohne es ausrotten zu können. So lauert im Gebüsch jeder offenen, freien, demokratischen Gesellschaft eine herrschsüchtige, gierige, undemokratische Hyäne.

279. Obwohl wir in einer Demokratie leben, leben wir nicht in demokratischen Verhältnissen.

280. Es gibt Konsumsklaven, die glauben, frei zu sein.

281. Es gibt viele verhüllende Schleier, die über die Lust nach Erhöhung und die Gier nach Größe gehängt werden. Und es ist leichtgläubig, unter dem Sichtbaren, Guten, Gewöhnlichen keine dumpfen Machtgelüste zu vermuten. Das liegt daran, dass viele mehr vom Tier als von höherer Vernunft geleitet sind und vorrangig das wollen, was die dumpfe Natur in ihnen will.

282. Wahre Überlegenheit ist, jenseits von Gefühlen der Überlegenheit und Unterlegenheit zu stehen.

283. Selfies zeigen, dass es uns wichtiger ist, glücklich zu scheinen als glücklich zu sein.

284. Wahres Glück verdrängt den Neid.

285. Aus Neid geschehen mehr Dummheiten als aus echter Dummheit.

286. Das manche erfolglos ihr Leben auskosten wollen, liegt daran, das sie weniger aus Lust, Freude und spielerischer Neugier handeln als aus Neid und Angst.

287. So echt Türkei-Adidas ist, so echt ist oft die Freude über das Glück anderer.

288. Unser Stolz verleitet uns genauso wie unser Neid zu Fehlern, die wir vor uns und vor anderen mit vernünftigen Gründen rechtfertigen.

289. Würde all das Schöne, Freudige, Gute, das der Neid zer-

trümmerte, auf einem Haufen liegen, er würde bis zum Mars reichen.

290. Die Bösartigkeiten des Neides stecken nicht selten in Hüllen des Guten.

291. Selten ist fein, wer feines GUCCI trägt.

292. Mancher schmückt sich damit, dass er nichts Schmückendes trägt.

293. Was unerreichbare Männer und Frauen so anziehend macht, ist, dass sie unerreichbar sind.

294. Die Geheimnisse der Anziehungskraft scheinen noch ungelüftet. So gibt es warmherzige, gütige Menschen, die eingebildet sind und trotz dessen Anziehung verstrahlen. Im Gegenteil, erst ihre Eitelkeit gibt ihnen den Reiz des Besonderen.

295. Viele lassen sich von ihrer Eitelkeit emporheben, wenn es ihnen schlecht geht. Doch es gibt auch die, welche die Kräfte der Eitelkeit nutzen, um ihr Glück noch weiter zu polieren.

296. Es gibt Menschen, die triumphieren immer und selbst in der größten Niederlage verlieren sie nicht das Gefühl des Sieges.

297. Die Begierde, andere herabzusetzen ist so stark, dass sie andere Begierden noch übertrifft. Sich über andere zu heben, wie einen Pokal, ist eine Methode der gemeiner Leute, um ihrer Erhöhungslust, jenem ewig hungrigen Tier, einen Bissen zu zuwerfen.

298. Viele sind stolz auf ihr Gewissen, obgleich es häufig, wie

ein Schalter, den gesunden Menschenverstand ausstellt und so der Dummheit hilft.

299. Gewissens-Talibanismus: Wir werden nicht selten zu Schuldgefühlen genötigt, die echte Gefühle der Reue verhindern.

300. Gespieltes Gewissen ist häufiger als echtes.

301. Ein gutes Herz birgt stets die Gefahr, ausgenutzt zu werden.

302. Nicht immer kommt Nächstenliebe aus dem Herzen, sondern aus erzwungener Moral, aus vorgetäuschtem Gewissen, aus Angst vor Strafe oder dem Wunsch, seinen Ruf zu verbessern und einer Gruppe anzugehören.

303. Wer glaubt, dass alle Inquisition überwunden ist, irrt. Es gibt sie immer in stärkerer oder schwächerer Form und keine Moderne ist frei von moralischen Scheiterhaufen.

304. Bestrafungen für Vergehen fallen milder aus, wenn es uns nicht empört, dass der Täter etwas tat, was wir selber gerne getan hätten.

305. Jeder wäre wohl Straftäter, wären Vorstellungen Handlungen.

306. Uns saugt auch die Gier anderer aus.

307. Die Gier weniger bestimmt immer das Schicksal vieler.

308. Unsere Gier nach Luxus zieht uns selten zum Luxus.

309. So wie sich Brenneseln oder Heuschrecken ausbreiten wollen, so auch wir. Der Wille zur Vergrößerung wirkt in allem Lebendigen und im Menschen mündet er oft in maßlo-

se Gier. Die Angst vor schlechtem Ruf oder höhere Vernunft können sie eindämmen. Da beides aber schwächer ist als das Opium des Wachsens und Habens, ist alle Begrenzung der Gier von kurzer Dauer.

310. Es gibt viele, die nicht sich selbst, sondern der Hab- und Geltungsgier dienen, wenngleich die Gier ein Teil unseres Selbst ist. Ihr Leben könnte jedoch ruhiger und unbeschwerter verlaufen, würde jenes maßlose Verlangen nicht, wie ein hungriger Parasit, an ihnen saugen. Da manche Gierart aber aus einem Mangel an Beachtung und Liebe hervorgeht und diese Schwäche schwerer wiegt als alle Vernunft, wird sie endlos weitersaugen.

311. Nur schwache Gier und Liebe kann man lange verbergen.

312. Auch bei rücksichtsvollen Menschen ist die Rücksicht nicht selten ein Stück ihrer Eitelkeit.

313. Das Böse des Mannes ist größer als das der Frau.

314. Die meisten Männer sind einfache Gockel, der Rest ist gespielt.

315. Das man eine heiß begehrte Liebe nicht bekommt, liegt daran, dass man sie heiß begehrt.

316. Männer, die galant und selbstsicher sind, sind nicht verliebt. Da viele Frauen jedoch galante, selbstsichere Männer bevorzugen, kommen sie selten in den Genuss eines wahrhaft verliebten Partners.

317. Der Respekt zerbröselt, zerbröselt die Liebe.

318. Wir über- oder unterbewerten meist, was in der Liebe

geschieht.

319. Mitunter vertieft die Angst vor Untreue eine Liebe noch; und verschwindet diese Sorge ganz, verschwindet auch die Liebe.

320. Frauen können ihre Untreue besser verbergen als ihren kleinlichen, bissigen Charakter.

321. So erfreulich die Gleichberechtigung ist, sie ist bisweilen nur ein Werkzeug der Rache, des Egoismus und Machthungers. Und die Ungerechtigkeit, die sie beseitigt, füllt sie durch neue auf.

322. Wir werden selten an den Eigenschaften gemessen, an denen wir uns selbst messen.

323. Wer in Deutschland lebt, wird mit Schwere übergossen. Das liegt daran, dass nicht Leichtigkeit und Genuss, nicht Schönheit und Liebe, nicht Spiel und Verzücken auf dem Podest der Lebenswichtigkeit stehen, sondern das Befolgen von Regeln und neidhervorgebrachter Moral. Dadurch ist das, was dem ganzen Land hilft, auch das, was dem Einzelnen schadet.

324. Das Beunruhigende an vielen Menschen, Staaten und Zeiten ist, dass sie nur scheinbar gut sind.

325. Fast immer findet der Schein des Guten mehr Anhänger als das wahre Gute. Das wahre Gute ist zu verfänglich, zu mühsam, zu widersprüchlich.

326. Alles kann zur Besessenheit werden, auch das Gewissen, wobei ein entfesseltes Gewissen mehr dem Schlechten als dem Guten hilft.

327. Es gibt Leute, die aus echtem Mitgefühl Gutes tun und es gibt Leute, die gute Taten nutzen, um ihr Gewissen zu erleichtern, ihren Ruf zu verbessern oder ihre Fehler zu überdecken. Mitunter vermischen sich beide Motive und mitunter wechseln die Motive im Laufe der Zeit die Seiten.

328. Mancher tut nur Gutes, um unentdeckt Schlechtes tun zu können.

329. Das Ungesagte klingt am lautesten.

330. Ein gutes Gespräch ist für die meisten, wenn sie ihren Ärger abladen und ihren Neid verkleinern konnten, wenn sie ihr Verlangen, Recht zu haben ausleben durften, wenn ihre Begierde, im Mittelpunkt zu stehen und andere Leute in ein schlechtes Licht zu setzen, gestillt wurden und wenn vor allem der „Gesprächspartner" nicht in die Lage kam, über sich zu reden.

331. Wer über andere redet, redet über sich selbst.

332. Aus Stolz gestehen wir unsere Fehler nicht ein. Stattdessen stellen wir die Fehler anderer bloß, um von unseren abzulenken.

333. Es widerstrebt einem mitunter, der zu sein, der man ist.

334. Da wohl niemand durchgängig auf der Seite der Unaufrichtigkeit oder Aufrichtigkeit steht, umgibt uns alle ein Nebel des Misstrauens, der nie ganz verfliegt.

335. Nicht immer ist Schweigsamkeit Schüchternheit, sondern eine Maßgabe des Egoismus, um Geheimnisse zu schützen.

336. Eine Spielart des Bösen ist die Scharfmacherei im Nam-

en des Guten.

337. Manche glauben gerecht zu sein, obgleich sie endlos Schlechtes tun.

338. Das die Liebe oft nicht leidenschaftlich, aber auch nicht gänzlich langweilig ist, liegt daran, dass wir uns nicht entscheiden können, ob wir stärker unserem Herz oder unserer Vernunft folgen sollen und unentschlossen zwischen beidem hin und her wanken.

339. Man ist selten restlos verliebt oder restlos unverliebt.

340. Untreue verzeihen wir leichter, wenn wir unseren Partner stärker lieben als er uns.

341. Es gibt eine Art des Stolzes, der uns gegen alles Richtige und Angemessene aufbringt. Und selbst, wenn wir wissen, dass dieser Stolz falsch und schädlich ist, müssen wir ihm folgen.

342. Wir folgen weniger unserer Vernunft als dem, was andere als vernünftig ansehen.

343. Der Kosmos ist uns fremd und vertraut, so wie wir uns fremd und vertraut sind. Der Mensch ist ein kleines Stück Kosmos.

344. Das Weisheit Glück ist, erkennt man nicht, wenn man nicht weise ist.

345. Man bleibt selten lange vernünftig.

346. Nichts erlischt schneller als unser Feuer für die Weisheit. Der Alltag treibt uns schnell von höheren Einsichten weg und unsere Eitelkeit verleitet uns zu immer neuen kurz

sichtigen Plänen.

347. Unsere Geduld, weiser zu werden, ist begrenzt, obgleich Weisheit nichts nötiger hat als Langmut.

348. Wir sind nach Beifall süchtiger als nach Weisheit. Nichts schmeichelt uns mehr als beklatschte Erfolge, da wir über sie unseren Wert festlegen. Wäre jedoch die hohe Einsicht unser Fixstern, würden wir erkennen, dass unser Vorhandensein unserer einziger Wert ist.

349. Jedes Gefühl der zugelassenen oder nicht zugelassenen Liebe, Eitelkeit, Missgunst, Wut lenkt unser Leben in eine neue Richtung. Unser Schicksal ist eine Kette kleiner, unscheinbarer Bewegungen der Seele.

350. Wenn wir glücklich sind, sind wir oft nah daran, unglücklich zu werden.

351. Wir loben andere nur aus Egoismus oder aus Schwäche.

352. Lob ist das Brot der Seele.

353. Wer sich mag, will nicht stetig gelobt werden.

354. Man kauft die meisten mit Lob und Schmeichelei billiger ein als KIK-Ware.

355. Mancher lobt sich, besonnen und klug zu handeln, obgleich er nur feige ist.

356. Falsches Lob wirkt, selbst wenn der Gelobte weiß, dass es falsch ist. Unsere Gier nach Bestätigung ist mächtiger als unser erkennender Verstand. Unser Verstand ist ein Kiesel auf dem Berg unserer Begierden.

357. Tadel ist vieles, auch Rache für ausgebliebenes Lob.

358. Es gibt mehrere Arten von Vorurteilen. Manche verstecken wir vor anderen aus Angst, als voreingenommen zu gelten. Manche verbergen wir aus Eitelkeit vor uns selbst und wieder andere, und das sind wohl die wirkstärksten, werden im Dickicht des Unterbewussten nie sichtbar.

359. Die Eitelkeit altert nicht, und viele Betagte wären weniger lächerlich, wären sie weniger selbstverliebt.

360. Die Beweggründe vieler Erwachsener für ihr Tun sind so kindisch wie die der Kinder. Das Verfängliche daran ist, das Erwachsene ihre Vorhaben mit den Mitteln der Erwachsenenwelt umsetzen dürfen.

361. Wir haben es vielfach mit kindischen Erwachsenen und erwachsener Jugend zu tun.

362. Der Jugendwahn saugt der Jugend das Blut aus.

363. Der Jungendwahn ist nichts als die Angst und Unfähigkeit der Älteren, älter zu werden.

364. Weisheit ist sicheres Glück, das kurzes, aufschäumendes Gier- und Eitelkeitsglück überflüssig macht. Darum strebt jeder, der nicht nach Weisheit strebt, nicht nach wirklicher Erfüllung.

365. Was man ist, das erkennt man erst, wenn man nicht mehr ist, was man einmal war.

366. Man glaubt, noch nie geliebt zu haben, wenn man nicht mehr liebt.

367. Das viele kein Mitgefühl zeigen, liegt daran, dass sie keins haben oder dass ihr Herz unter einer Schicht kühler Logik vergraben liegt.

368. Wo jeder auf die Offenherzigkeit anderer wartet, kann keine Offenherzigkeit entstehen.

369. Wo Herzen glühen, ist Ehrlichkeit brandgefährlich.

370. Nichts verschließt die Herzen mehr als Misstrauen, und Misstrauen ist eine Flamme, die selten ganz erlischt.

371. Bildung macht viele nicht schlauer, sondern eingebildeter.

372. Gebildete, Kluge sind oft genauso niedrig wie Ungebildete. Was sie dies nicht erkennen lässt, ist ihre Eitelkeit, die ihnen einredet, höherstehender, besser und moralischer zu sein als andere.

373. Unsere eigenen Gemeinheiten erscheinen uns geringfügiger als fremde, selbst erlittene.

374. Es gibt leichtgläubige Menschen, die ihre Naivität geschickt zu nutzen wissen.

375. Nicht selten verhindert der Neid, dass jemand aufblüht und so hell leuchtet wie die Venus. In uns zirkuliert mehr fremdes Gift als wir ahnen.

376. Der Hass der „Gläubigen" auf „Ungläubige" ist nur hochgekochter Neid.

377. Neid ist zerstörerischer als Hass.

378. Je kühler die Oberfläche, umso heißer der Neid, und so manchen glaubt man klug, beherrscht und nüchtern, obgleich er nur missgünstig und eifersüchtig ist.

379. Immer bizarrer und unnatürlicher wird das Menschliche, da es das Digitale mit immer bizarreren und unnatürlicheren

Farben übermalt.

380. Es gibt mittlerweile mehr digitale Gefühle als natürliche, echte.

381. Ein guter Teil unserer eitlen Gefühle wurde durch Digitales wachgerüttelt, da nichts mehr Geld einbringt als unsere Eigenliebe. So geht jeder, der dem Digitalen folgt, der List der Gier auf den Leim, die all unsere Instinkte und Leidenschaften zu ihrem Goldesel macht.

382. Am geschicktesten belügen wir uns selbst.

383. Ehrlichkeit ist ein Salz, das vieles ungenießbar macht.

384. Reine Lügen sind auffälliger als mit Wahrheit vermischte Unwahrheiten, weshalb Letztere häufiger vorkommen. Die Wahrheit ist oft nur Material, das hilft, den eignen Egoismus zu rechtfertigen und Lügen glaubwürdiger darzustellen.

385. Aufrichtigkeit, die aus innerer Stärke kommt, ist anziehend.

386. Eine Stärke ist, seine Fehler nicht zu verstecken.

387. Rechthaberei nimmt mit innerer Schwäche zu.

388. Es gibt Lügen, die dem Guten helfen und Wahrheiten, die dem Schlechten nützen. So findet man nicht selten gutherzige Menschen, die stetig unehrlich sind und Boshafte, die unentwegt die Wahrheit sagen.

389. Wir sagen die Wahrheit oft nicht aus Moral, sondern aus Angst, als Lügner dazustehen.

390. Wir sind solange nicht gegen eine Ungerechtigkeit, solange sie uns nützt.

391. Dass es jemand wagte, uns ein Unrecht zuzufügen, empört uns stärker als das Unrecht selbst.

392. Es gibt eingebildete Ungerechtigkeit wie es eingebildete Gerechtigkeit gibt. Und nicht selten spielen diese Irrtümer die Rolle der wahren Gerechtigkeit und wahren Ungerechtigkeit.

393. Wir stehen in einem Hagel aus Regeln, Normen und Gesetzen. Nirgends weiß man sicher, was erlaubt und unerlaubt, was höflich und unhöflich, was angebracht und unangebracht ist. Diese Unklarheit führt über mehrere Gärungsstufen zu Rechtlosigkeit. Und es gäbe deshalb mehr Recht, wenn es weniger Rechtsvorschriften gäbe.

394. Das Schwierige an der Gerechtigkeit ist, dass jeder eine andere hat.

395. Da die Moral oft die Farben von Zorn, Neid, Eifersucht und Rache annimmt, ist es unmöglich, dass sie nicht ungerecht wird.

396. Die Gier reicher Menschen zeigt das wahre Ausmaß der Gier.

397. Niemand ist so maß- und rücksichtlos wie Emporkömmlinge.

398. Unsere Vernunft erfindet oft gute, vernünftige Gründe, um heranzuschaffen, was die Gier nach Luxus und Schönheit verlangt.

399. Am leichtesten erhalten Reiche neuen Reichtum und Berühmtheiten neuen Ruhm.

400. Es sind die liebenswerten Eigenschaften der gemeinen,

launischen und eingebildeten Leute, die es uns schwer machen, sie zu verdammen. Wir schwanken zwischen Ekel und Zuneigung und verfangen uns dabei in einem Netz widersprüchlicher Gefühle, aus dem es kein Entkommen gibt.

401. So vernünftig die Leute sich auch geben, im Privaten endet ihre Toleranz, Weitsicht und Großzügigkeit meist sehr schnell.

402. Es gibt Eltern, die weniger ihr Kind lieben als sich in ihm.

403. Dass es viele eingebildete, maßlose Kinder gibt, liegt daran, dass sie eingebildete, maßlose Eltern haben.

404. Gemeinheit ist nicht selten die Endstufe der Feigheit.

405. Es gibt nicht wenige Partnerschaften und Freundschaften, die ein Mix aus Gemeinheit und Liebenswürdigkeit sind. Das macht sie tiefer, aufwühlender und somit langlebiger als durchgehend liebenswerte Beziehungen. Oder: Angeritzte Herzen halten ewig.

406. Man kennt nicht alle seine Fassaden.

407. Das viele eine Leidenschaft für das Anklagen, Beanstanden und Bloßstellen von Fehlern entwickeln, kommt daher, dass Schlechtes als wahrer und klüger gilt als Gutes und damit mehr Beifall einbringt.

408. Manche meiden Bühnen nur, weil sie hoffen, so noch mehr Beifall zu bekommen.

409. Der Egoismus ist das Herz des Individualismus, der wie ein Saugrohr aus allem nur das Angenehme, Schöne und Brauchbare für sich herauszieht.

410. Was viele gegen die Klimaerwärmung gleichgültig macht, ist der Glaube, dass sie die Erde erst nach unserem Tod verglüht. Darum dient alles, was sie tun, nur ihrem Verlangen nach Luxus und Bequemlichkeit und nicht der Verhinderung des Ungeheuerlichen. Unser eigenes Glück ist uns wichtiger als das Glück der nächsten Welt.

411. Wer schwach liebt, kann erkennen, ob er geliebt wird.

412. Manche Beziehung beruht nicht auf Liebe, sondern auf Sehnsucht nach Liebe. Und diesen Makel wird sie nie los.

413. Meist lieben Liebespartner einander unterschiedlich stark. Das macht ihre Liebe sonderbarerweise beständiger als wenn ihre Gefühle die gleichen wären.

414. Oft entpuppt sich die Liebe zur Sache als Liebe zu einem Mann oder einer Frau. Die Leidenschaft für Tätigkeiten ist nur Mittel und Vorwand, um zu bekommen, was man wirklich will.

415. Unser Verlangen nach Glanz ist der größte Bildhauer unseres Selbst.

416. Wir verbergen unsere Fehler vor anderen wie vor uns selbst.

417. Auch in Freundschaften ist Ehrlichkeit ein Salz, das man besser sparsam verwendet.

418. Große Eitelkeit ist nicht zu viel, sondern zu wenig Selbstliebe.

419. Ein Fehler ist, die Liebe als Hauptspeise zu verstehen und nicht als Gewürz zur Verfeinerung des Lebens. Nur wer

ohne Liebe glücklich ist, kann auch in ihr wirkliches Glück finden.

420. Unsere Eitelkeit hilft dem Guten nicht selten mehr als unser Mitgefühl.

421. Man glaubt leicht, stimmt man mit jemandem in einer Sache überein, in allem mit ihm übereinzustimmen.

422. Man ist das Entgegengesetzte von dem, was man vorgibt zu sein.

423. Man ist betriebsblind gegenüber sich selbst.

424. Man mag, was man an sich mag.

425. Wir schießen vielfach, wie schlecht geschossene Pfeile, an uns selbst vorbei.

426. Das Tun vieler Menschen wirkt unecht und befangen. Es hat nicht jene Leichtigkeit, Härte, Unberechenbarkeit, Schönheit und Hässlichkeit echter Erlebnisse. Denn sie springen aus Feigheit nicht in den Strom des wahren Lebens und stecken zwischen ihrer Angst und ihrer Sehnsucht nach Echtheit fest, so wie ein Stück Holz in der Schraubzwinge.

427. Unsere Gemeinsamkeiten verursachen mehr Streit als unsere Unterschiede.

428. Unser Verstand ist eine Drüse, die sich oft selbst vernebelt.

429. Die Einsamkeit ist ein Okular, dass uns die Welt schärfer und verschwommener sehen lässt.

430. Gier ist langlebiger als Idealismus.

431. Der Kapitalismus beherrscht uns, weil wir eitel und gierig sind.

432. Das Böse wie das Gute sind nicht selten Nebenprodukte der Gier.

433. Die Gier bläht das Digitale auf und das Digitale die Gier. In diesem aufgedunsenen Raum verlieren wir uns in vielerlei Hinsicht.

434. Das manche nicht maßlos wurden, liegt daran, das ihnen das Schicksal keine Gelegenheiten dazu gab.

435. Man wird eher für sein Mitgefühl als für seine Gemeinheit angefeindet.

436. Frauen lässt man ihre verdeckten, feinen Gemeinheiten eher durchgehen als Männern ihre offensichtlichen, groben, obgleich beide genauso schmerzvoll sind.

437. Es ist schwer, in der Gegenwart von Gemeinen selber nicht gemein zu werden.

438. In der Welt der Gemeinheit gibt es ganz unterschiedliche Kontinente, Länder und Sitten.

439. Die Gräuel der Männer zeigen, dass die Vernunft das Böse nie lange wegsperren kann.

440. Wir geben alles für die Gunst derer, die uns nicht mögen, wohingegen uns unsere Lieben und Vertrauten oft gleichgültig sind.

441. Man mag jemanden solange, solange man ihn nicht näher kennt.

442. Manche Frau glaubt, weniger nachtragend, berechnend

und kleinlich zu sein als andere Frauen, obgleich sie nichts mehr ist als dies. Das zeigt, dass unser geglaubtes Selbst mit unserem wahren Selbst nicht übereinstimmt, so wie zwei nicht übereinander passende Schablonen.

443. Das Gewissen ist die Geißel vieler Frauen.

444. In ihrem Gewissen verstecken sich viele Frauen vor sich selbst.

445. Zwei Arten von Gewissen gibt es: das tote, kalte, feste und das warme, lebendige, widersprüchliche. Das Erste ist häufiger zu finden. Es entsteht aus Zwang und Angst vor Strafe und ist mehr Nötigung als lebensdienliche, fröhliche, gesunde Moral.

446. Der Glaube, sich in altem Leid suhlen zu müssen, um zukünftiges zu vermeiden, schafft viel neues Leid.

447. Man fühlt sich durch Nichtiges oft glücklicher als durch große Erfolge.

448. Viele folgen der Moral nicht aus tiefer Überzeugung, sondern um die Rolle des Guten zu spielen und moralvollen Mehrheiten anzugehören, obwohl diese oft nicht wahrhaft moralisch sind.

449. Die Moral ist wie die Laune einer Diva. Was heute richtig ist, ist morgen falsch. Darum verschieben sich die Grenzen des Guten und Schlechten stetig. Und wehe, man steht außerhalb jener Grenzen und folgt einem logischen, gesunden Verstand.

450. Unsere Wut bringt mehr Wahrheit ans Licht als unser Verstand.

451. Die Großzügigkeit vieler Leute besteht darin, Überflüssiges wegzuschenken, um dafür als Wohltäter zu gelten.

452. Man möchte mit kleinen Gefälligkeiten bloß größere erkaufen.

453. Unser Verstand denkt immer zu flach oder zu tief.

454. Manche Handlung, der man einen höheren Sinn zuschreibt, geschah nur aus Langeweile.

455. Die Welt wird von Schwäche regiert, die sich als Stärke tarnt.

456. Nur Schwache saugen ihre Stärke aus digitalen Likes.

457. Was Partner in der Liebe lange aneinander schmiedet, ist weniger echte Liebe als Bequemlichkeit, Mitleid, die Angst vor Neuem, wirtschaftliche Zwänge, Erinnerungen an einstiges Glück, fehlende Geschicklichkeit im Flirten und ähnliche Schwächen.

458. Jeder erliegt anderen Schmeicheleien, weil jeder andere Schwächen hat.

459. Vielfach sind es unsere schwachen Seiten, die unseren Stärken ihre wirkliche Stärke geben. Darum sind die Menschen oft die erfolgreichsten, die das richtige Verhältnis von guten und schlechten Eigenschaften aufweisen.

460. Manche entwickeln Stärken, indem sie diese vortäuschen.

461. Es ist entweder ein Zeichen von Stärke oder von Dummheit, nie eine Maske zu tragen.

462. Wir gefallen eher durch unsere Fehler als durch unsere

Stärken.

463. Viele kennen ihren wahren Wert nicht, weshalb sie sich immer zu billig oder zu teuer verkaufen.

464. Es ist oft schwerer, die Dinge oberflächlich zu sehen als tief.

465. Wir sehen die Dinge oft in falschem Licht, weil wir zu lange über sie nachdenken. Die Wahrheit liegt vielfach an der Oberfläche und die wahre Kunst besteht darin, einfach zu denken.

466. Wir irren häufiger aus Tiefsinn als aus Oberflächlichkeit.

467. Die Oberflächlichkeit vieler ist noch oberflächlicher als man glaubt.

468. Hohe Ansprüche machen mitunter einsamer als echte Einsamkeit.

469. Hohe Erwartungen machen vieles niedriger.

470. Ereignisse sind für Erwartungen zu groß.

471. Unser Egoismus, der vielfach unser Gewissen aufweicht, macht es uns leicht, begangenen Fehler vor uns und anderen zu rechtfertigen. So entschuldigen wir beispielsweise Fehltritte mit höherer Gerechtigkeit, obgleich sie auf Ignoranz und Gier beruhen.

472. Obgleich wir glauben, nur gerechte Urteile zu fällen, glauben wir nichts bereitwilliger als Gerüchte und üble Nachreden.

473. Wahres Gewissen ist schwankend, widersprüchlich, herzlich und frei von vorgeschriebener Moral und Angst vor

Strafe. Es ist gerecht und ungerecht, da alles Lebendige gerecht und ungerecht ist. Darum ist die Gewissenlosigkeit auch Teil des wahren Gewissens.

474. Manche nutzen das Gewissen als einen in Moral gewickelten Prügelstock oder ein in Moral getauchtes Zepter.

475. Das keiner der Zweifel, die unser Verstand an unserer Gerechtigkeit hat, zu uns durchdringt, liegt an unserer Selbstherrlichkeit.

476. Gut und schlecht am Misstrauen ist, dass es oft berechtigt ist.

477. Unglück ist oft nur fehlende Geduld.

478. Fehlende Geduld ist meist schädlicher als fehlendes Talent.

479. Ignoranz dient mitunter unserm Geltungsdrang. So missachtet man schöne, begabte, kluge Leute, um der eigenen Schönheit, Klugheit und Begabung mehr Bühnenfläche zu verschaffen.

480. Ernsthaftigkeit ist vielfach die Unfähigkeit, unterhaltsam und sprühend zu sein.

481. Die vielerorts herrschende Ernsthaftigkeit drückt all dem, was verspielt, unschuldig und heiter ist, den Stempel des Oberflächlichen, Dumpfen und Sinnlosen auf. Und so mancher versteckt seine alberne, kindliche Seite, weil er fürchtet als unzurechnungsfähig und dumm zu gelten. Angesichts der Kürze des Lebens ist jedoch nichts wirklich ernst und nichts wirklich schwer.

482. Jede Ernsthaftigkeit ist lächerlich. Und nur das Lächer-

liche sollte man ernsthaft verfolgen.

483. Wahre Leichtigkeit macht selbst das Schwerste leicht.

484. Es ist leicht zu erkennen, ob jemand wirklich unbeschwert ist.

485. Ernsthaftigkeit ist mitunter versteckter Neid und der Versuch, die Anziehungskraft anderer zu zerstören, um sich nicht eingestehen zu müssen, reizlos zu sein.

486. Mancher ist nur ernsthaft, um moralischer und klüger zu erscheinen.

487. Die Gleichberechtigung ist bisweilen nur ein Werkzeug weiblicher List.

488. Wir schätzen schöne Frauen und Männer, wenn wir uns mit ihnen schmücken können, aber wehe, sie überstrahlen unsere Schönheit.

489. Das manche Leute Großes klein reden, liegt bloß daran, dass es nicht von ihnen kommt.

490. Bescheidenheit ist mangelnder Mut, seiner Eitelkeit zu folgen.

491. Kluge kennen ihre Überheblichkeit meist besser als sie zugeben.

492. Zurückhaltung ist eine geschickte Art, sich hervorzutun.

493. Das Leben ist eine Kette von Banalitäten, die wir gerne in ein schillerndes Licht tauchen, um uns die Nichtigkeit unseres Tuns nicht eingestehen zu müssen.

494. Man erkennt sich eher zufällig und nie dort, wo man

mühsam den Berg der Erkenntnis emporklettert.

495. Manches Gewissen ist so echt wie China-GUCCI.

496. Jedes Gewissen spiegelt die Schwächen und Stärken der Zeit.

497. In unserem Gewissen schlummern viele Tiere: Gewissens-Esel, Gewissens-Chamäleon, Gewissens-Fuchs, Gewissens-Pfau, Gewissens-Elefant, Gewissens-Schildkröte, Gewissens-Känguru....

498. Viele büßen häufiger für fremde oder eingebildete Schuld als für eigene, echte.

499. Man erwartet kein Gewissen, man erwartet eine bestimmte Art von Gewissen. Darum täuschen nicht wenige Schuldgefühle vor, die sie nicht haben.

500. Es gibt eine falsche Schuld und ein falsches Leiden, das diejenigen befällt, die glauben, für Fehler verantwortlich zu sein, die andere begehen. Dabei verfangen sie sich in einem Netz aus eingebildeter Verantwortung, übermäßigem Gewissen und Angst vor Ausgrenzung. Und je mehr sie sich aus diesen moralischen Fäden befreien wollen, umso mehr verwickeln sie sich darin.

501. Da der Größenwahn in unsere Zeit so fest eingefräst ist, wie ein Lied in eine Acrylplatte, ist fast nichts frei von seinen Melodien.

502. Wir schätzen fremde Meinungen nur, wenn unsere eigenen darin aufblitzen.

503. Freundlichkeit ist anziehend, wenn sie aus glücklichen Herzen hervorsprudelt.

504. Jeder hält sich für gut, obgleich wenige gänzlich gutmütig sind.

505. Unser Gewissen ist nicht selten in Moral gegossenes Leid, in Rücksicht und Anstand gehüllte Rache oder zu Mitgefühl umgeformter Neid.

506. Selbst bei toleranten Frauen und Männern ist Intoleranz die Regel.

507. Es gibt eine verborgene, innere Haltung, in der man das Leben als köstlichen, sprühenden Rausch empfindet. Wer diesen Schatz entdeckt und wieder und wieder ausgräbt, der kann die Macht des Trüben in sich verkleinern und die des Schönen vergrößern.

508. Oft schwanken wir zwischen unseren Gefühlen. Und das, was durch das Schwanken entsteht, jene verworrenen, inneren Gefechte aus Stimmungen und emotionalen Zuständen, sind unsere wahren Aufenthaltsorte.

509. Das Digitale ist eine Welle, die uns mit Dummheit überspült. Das Dumme ist eine Vorstufe des Bösen.

510. Kluge Dummheit regiert die Welt.

511. Die meisten bilden sich mehr auf ihre Klugheit ein als sie zugeben.

512. Jede Maske verrutscht irgendwann.

513. Das losgelöste, tiefe Denken ist ein Trieb des Geistes, der stirbt, wenn er keine Lust erzeugt. Und da Gier, Eitelkeit und Egoismus beständig Lust erzeugen, ist deren Macht größer als die tiefer Gedanken.

514. Was Kluge oft unherzlich wirken lässt, ist, dass sie mehr aus Klugheit als aus Mitgefühl handeln.

515. Wenige urteilen an ihrem Charakter vorbei.

516. Wo Dumme das Sagen haben, gibt es reichlich gespielte Dummheit.

517. Die eigene Klugheit schrumpft, wenn man sicher ist, klug zu sein.

518. Die Klugheit hilft oft bei der Ausbreitung der Dummheit.

519. Es gäbe weniger Tätowierungen, wenn es mehr warme Herzen gäbe.

520. Obwohl sich alle nach echter Warmherzigkeit sehnen, findet man sie selten.

521. Echte Herzlichkeit durchströmt auch den Verstand.

522. Auch Herzliche täuschen ihre Herzlichkeit mitunter nur vor.

523. Unser Leben ist vom Nicht-Erlaubten umzäunt. So müssen wir uns stetig in das Korsett des Erlaubten zwängen. Wir müssen unsere Wünsche beschneiden und unser Verstand muss stetig alles Gedachte und Gesagte überwachen, was ihn befangen macht. Und was unsere Leichtigkeit, Offenheit und verspielte Seite erstickt und die Feder des Schlechten spannt. Und so sehr unsere Vernunft die Notwendigkeit des Nicht-Erlaubten einsieht, so sehr wehrt unser eingesperrtes Herz sich dagegen.

524. Uns macht das Nicht-Erlaubte mitunter freier als das Erlaubte.

525. Es gibt viele Männer, die weniger sie selbst als Kopien der schwankenden Erwartungen und Ansprüche der Frauen sind. Darum verstellen sie sich unentwegt und wissen zu guter Letzt nicht, wer sie sind und als was sie sich geben sollen.

526. Der Feminismus ist eine Spielart des Machismus.

527. Der Feminismus kopiert nur die Dummheiten der Männer. Eine eigene, bunte, wahrhaft freimachende Vision der Frau ist noch nicht gefunden, weshalb die gegenwärtige Emanzipation mehr Gefängnis als Freiheit ist.

528. So wie vieles ungerecht und gerecht zugleich ist, ist es auch der Feminismus, denn er blendet die Ungerechtigkeiten, die Männer Jahrtausende ertragen mussten, aus. Er prangert die weiblichen Nachteile an und lässt die weiblichen Vorrechte außeracht.

529. Die Gleichberechtigung der Frauen schreitet voran, die der Männer-Innen - nicht. Noch immer gilt Frauen und Kinder zuerst, noch immer hofieren und beschenken Männer Frauen, noch immer sterben mehr Männer als Frauen in Kriegen, noch immer führen Männer härtere Arbeiten aus als Frauen, noch immer leben Männer kürzer als Frauen, noch immer rechnet man die Vergehen weniger Männer allen Männern zu...

530. Das Streit oft kein Ende findet, kommt daher, dass die Streitenden den Anlass des Zwists unterschiedlich festlegen und jeder über Ursachen und Wirkungen spricht, die der andere nicht sehen kann.

531. Streit ist oft nur das Ringen zweier Eitelkeiten.

532. Es gibt einige, die sich und ihre Pläne in eine geheime Aura hüllen, um Aufmerksamkeit zu erhaschen. Oft wirkt dieser falsche Honig, obgleich ihre Absichten kaum Beachtung verdienen.

533. Wer außergewöhnlich ist, will es nicht sein.

534. Manche Menschen verstrahlen eine zauberhafte Magie, die erlischt, wenn sie wissen, dass sie sie versprühen.

535. Wo viele glänzen wollen, wird es dunkel.

536. Es gibt eine seelische Strömung, die uns das Gefühl gibt, schön zu sein. Wer darin badet, wie in einem glitzernden Meer, der fühlt sich reizvoll und anziehend. Diese Empfindung hat jedoch mit der äußeren Schönheit nichts zu tun, weshalb sich jeder Hässliche schön fühlen kann und andersherum. Das zeigt erneut, dass unser inneres Selbst unser äußeres nicht kennt.

537. Das andere unsere Fehler weniger kennen als wir glauben, liegt daran, dass sie nur mit sich selbst beschäftigt sind.

538. Menschen sind Schafe, die sich von ein paar Hunden ins Verderben treiben lassen.

539. Terroristen kämpfen nicht für Ideale.

540. Die Täuschkraft der Geltungssucht erkennt man an Terroristen. Wieder aller Lebensvernunft töten sie sich aus dem Verlangen nach Beachtung und Größe, obgleich sie glauben, es aus höherer Moral zu tun.

541. So wie manche Käfer nur im Dunkel leuchten, so leuchten manche Menschen nur, wenn sie Böses tun.

542. Nur Dumme trauen ihrem Verstand ganz.

543. Dass dumpfe Leute oft über gemäßigte, vernünftige triumphieren, liegt daran, dass sie rücksichtsloser und entschlossener handeln. Die Gutwilligen sind zu gut für das aggressive Dumpfe. Darum müssen sie zu bösen Gutwilligen werden, zu Nachtigallen mit Krokodilzähnen, wollen sie nicht von jenen Kräften verspeist werden. Doch groß ist die Gefahr, dass sie durch ihre Verwandlung aufhören, gut zu sein.

544. Die Geschehnisse der Welt sind nur die Dummheiten und Eitelkeiten der Affen-Art: Mensch.

545. Der Affe in uns ist immer schwächer oder stärker als unsere Vernunft. Und wer in einem Augenblick noch der höheren Moral gehorchte, ist im nächsten der Diener seiner tierischen Gier nach Macht und Revier.

546. Nur wenn der Affe in uns will, wollen wir wahrhaftig.

547. Was uns unterschiedlich macht, ist, dass wir unterschiedlich weit vom Tier entfernt sind.

548. Nie steht die Welt ganz unter dem Stern der Vernunft oder Unvernunft.

549. Unser Verstand verschaukelt oft unser Tier.

550. Wie sollen Menschen mit Unterscheiden in Herkunft, Glauben, Moral, Klugheit, Besitz lange friedlich miteinander zusammenleben, wenn nicht einmal in den Klügsten und Vernünftigsten die Vernunft lange mächtiger ist als der Affe?

551. Kluge Dummheit ist mächtiger als echte Klugheit, da sie vom Affen angetrieben ist.

552. Wahnsinnige sind oft nicht halb so wahnsinnig wie das, was normal ist.

553. Wohl jeder lebt in einem Wahn, den er nicht kennt.

554. Jede Zeit hat ihren Wahn.

555. Der Größenwahn bringt Großes hervor, im Schlechten wie im Guten.

556. Wir leben stetig in moralischer Hysterie, wobei eine Raserei die nächste ablöst.

557. Jedes Vorhaben wird irgendwann ein schwächerer oder stärkerer Wahn.

558. Religionen sind oft mehr Wahn als frommer Glaube und somit Teil des Schlechten, vor dem sie uns bewahren wollen.

559. Nichts ist wirklicher als die Gespenster, die wir zu sehen glauben.

560. Oft sind die Einbildungen anderer für uns bedeutsamer als wirkliche Tatsachen.

561. Der Größenwahn steckt sogar in den Kräften, die ihn eindämmen wollen.

562. Die meisten sind zu oberflächlich und zu feige, um anderen die Wahrheit zu sagen, obgleich es auch Leute gibt, die aus liebevoller Rücksicht schweigen.

563. Mancher wurde nur aus Neid tiefsinnig.

564. Wir kennen die List anderer oft nicht. Darum ist unser

Leben stärker von versteckter Tücke belastet als wir vermuten.

565. Ein wahrhaft Gutherziger versteht das Böse nicht.

566. So wie der Käse hat auch die Gemeinheit viele Arten, milde wie derbe.

567. Das Böse ist ein Strudel, der alles in sich hineinzieht und durcheinanderwirbelt, endlos ist seine Verwandlungskraft. So kann es warmherzige Menschen rachsüchtig und gemein machen, die allem misstrauen, was gut ist.

568. Das Böse frisst sich nicht selten am Guten rund und fett.

569. Versteckter Hass ist unterirdische Magma, die irgendwann zum Ausbruch kommt.

570. Es gibt eine Art der Selbstzerstörung, die in einen rätselhaften, süßen Rausch mündet, der die Vernunft betäubt und uns lustvoll ins Verderben laufen lässt.

571. Das Schönheitsgeschäft verhindert wahre Schönheit.

572. Das schöne Instagram zeigt allerlei (innere) Hässlichkeit.

573. Das Digitale ist wirklich und unwirklich zugleich ist. Es ist fiktive Wirklichkeit und wirkliche Fiktion, was unsere Seele verwirrt. Diese Verwirrung wirkt bis in den letzten Winkel der Welt hinein.

574. Viele Selfies entstehen aus Zweifeln an der eigenen Liebenswürdigkeit.

575. Das Falsche, das uns das Digitale einbrachte, wurde so normal wie das Zähneputzen. Keiner erkennt es mehr als falsch, wodurch wir in einer Welt des falschen Richtigen

leben.

576. Das die Klimafeuer weiter brennen, liegt daran, dass unsere Gier nach Luxus, unsere Trägheit, unsere Ohnmacht, unsere Schadenfreude, unsere Gewissenlosigkeit, unsere Missgunst, unsere Kurzsicht, unsere Verzweiflung, unsere Verdrängungen und unsere Überforderung mächtiger sind als unsere Vernunft. Und wir gehen lieber unter als das wir gegen unsere Schwächen und wahren Antriebe aufbegehren.

577. Wir sind nicht für die Welt geschaffen, die wir erschufen.

578. Der Mut vieler ist nur bessere Feigheit.

579. Wer nicht mutig ist, ist nicht frei.

580. So wie es Frauen gibt, die nur Zauber verstrahlen, wenn sie ihre Magie anzweifeln, so gibt es auch Frauen, die nur bezaubernd sind, wenn sie sich für bezaubernd halten.

581. Als langweilig oder lästig gelten Männer oft, die ehrlich nach Liebe suchen und sie aus diesem Grund nicht bekommen, obgleich keiner mehr Liebe verdient hat als sie.

582. Nur kurze Liebe ist sprühend.

583. Ein Starker macht die Liebe stark, ein Schwacher schwach.

584. Talente, die der Schwäche entkommen, verschwinden, wenn die Schwäche verschwindet. Unsere Schwächen sind fruchtbare Äcker, die wir schützen sollten.

585. Mitgefühl, das aus dem Gewissen hervorgeht, ist zerbrechlich.

586. In vielen Frauen ringen Eitelkeit und Gewissen miteinander. Und je wohler und je sicherer sie sich fühlen, umso deutlicher kommt ihre verspielte, selbstverliebte Seite zum Vorschein.

587. Mitleid und Mitfreude sind häufig gespielt.

588. Mitfreude ist oft der heimliche Wunsche, selber Glück und Freude zu finden.

589. So wie Strandkiefern vom Meereswind verbogen werden, so werden wir vom Leben verbogen. Entscheidend ist die Richtung.

590. Selten fühlen wir reines Leid oder reines Glück. Das Eine ist meist vom anderen durchzogen, was nicht nur uns, sondern die gesamte Welt gespalten und schwankend macht.

591. Das manche zeitweise dem Bösen verfallen, kommt daher, dass es ihnen nicht immer gelingt, ein Leid, das in ihnen brennt, niederzuhalten.

592. Zu misstrauisch werden die Betrogenen. Überall sehen sie Gespenster des Verrats.

593. Im Misstrauen gegen andere steckt auch Misstrauen gegen uns selbst.

594. Das Beunruhigende ist, dass unser Misstrauen oft berechtigt ist; und fast immer, wenn wir an seiner Berechtigung zweifeln, ist es berechtigt.

595. Ehrgeiz ist oft inneres Unglück.

596. Unsere Leidenschaft für unsere Partner und Freunde ist

nie gleich stark, so wie ihre für uns.

597. Wir können jemanden, der nicht in unserer Vorstellung war, weder hassen noch lieben. Erst unsere Phantasien und Erinnerungen steigern unsere Gefühle zu starker Zu- oder Abneigung.

598. Familienstreit beginnt oft mit Habgier und endet oft im Hass.

599. Unser Misstrauen verhindert, dass wir offenen Herzens durchs Leben gehen.

600. Misstrauen ist ein Schaufelrad, das sich tiefer und tiefer ins Menschliche gräbt, bis aller gute Glaube verloren ist.

601. Unser Misstrauen lässt uns wahrhafte Herzlichkeit nicht erkennen. Darum umgeben uns nicht selten Menschen, die nicht wirklich herzlich sind.

602. Obgleich wir selber misstrauisch sind, erwarten wir von anderen grenzenloses Vertrauen.

603. Das eine Liebe nicht zustande kommt, liegt mitunter daran, dass man sie sich lange vorstellte.

604. Uns sind schöne Menschen willkommener als kluge.

605. Fast jeder dürstet insgeheim nach Schönheit, Geltung und Luxus und so mancher steht nur für das Gute ein, um durch Moral an diesen Honig zu gelangen.

606. Die Feinseligkeit gegenüber Schönen rührt oft daraus, dass sie Spiegel sind, in denen viele ihre Mängel erkennen.

607. Wir geben anderen die Schuld für unsere Fehler, da

unsere Eitelkeit leugnet, dass wir überhaupt Fehler haben.

608. Mehr aus enttäuschtem Egoismus als aus Ungerechtigkeit entsteht Feindseligkeit.

609. Man weiß nie, ob man im nächsten Augenblick in einen Abgrund sieht oder in einen Sonnenaufgang blickt. Das Leben ist ein Klippenlauf.

610. Natürliche Ausstrahlung ist magnetisch; und so gewinnt ein schöner Mensch, der seine Schönheit nicht herausstreicht, immer an Anziehung.

611. Das Schöne ist eine List der Natur und wer dem Schönen nachläuft, der begibt sich in die Zwänge unserer Instinkte, obgleich er glaubt, dem wahren Glück zu folgen. So ist frei, wer nicht schön sein will.

612. Die Gier nach Schönheit macht vieles hässlich.

613. Kein schöner Mensch kann seine Eitelkeit ganz verbergen.

614. Es gibt wenig schöne Frauen oder Männer, die ihre Schönheit nicht zu nutzen wissen.

615. Wir geben gewöhnlichen Handlungen oft einen höheren Sinn, um deren Banalität vor uns und anderen zu verbergen. So ist die Welt voller Überhöhungen, die uns echte Höhen und echten Sinn nicht erkennen lassen.

616. Versteckter Neid und versteckte Feindseligkeit erzeugen eine bedrückende Atmosphäre, die noch bedrückender wird, wenn sie eine freundliche Fassade überdeckt.

617. Es ist oft klüger, sich nicht in die Hand der Liebe zu be-

geben, aber es ist nicht aufregender. Und ob wir uns für oder gegen Amor entscheiden, wir sind zufrieden und unzufrieden zugleich.

618. Mancher drängt nur zur Liebe, weil er ein langweiliges Leben führt.

619. Aus Übergangslösungen werden in der Liebe nicht selten Dauerlösungen. Auch, weil unsere Trägheit, die fehlender Mut und Angst vor dem Neuen ist, uns am Bestehenden kleben lässt und unsere Sehnsucht nach sprudelnder Leidenschaft nach und nach einschläfert.

620. Es gibt viele innere Zustände, die den Verstand Ungerechtigkeit oder Liebe sehen lassen, wo es keine Ungerechtigkeit oder Liebe gibt.

621. Der Ehrgeiz kostet uns häufig mehr Schönes als er uns einbringt.

622. Wir kennen selten alle Quellen unseres Ehrgeizes, da unter den sichtbaren noch unsichtbare liegen.

623. Unser Ehrgeiz schießt fast immer übers Ziel hinaus, besonders wenn Geltungsgier und inneres Unglück die Motoren sind, die ihn antreiben.

624. Es gibt Frauen, die im Alter gemein werden, so wie Rosen, denen im Welken Dornen wachsen.

625. Man findet vielerorts mehr Schadenfreude als echte Freude.

626. Hinter gespieltem Humor steckt mitunter der Glaube, nicht liebenswert zu sein. Deshalb gäbe es weniger schräge

Kasperei, wenn es mehr Selbstliebe gäbe.

627. Um Leute zu bestrafen, die uns unsere Fehler aufzeigen

und so unserer Eitelkeit schaden, stempeln wir sie als schlechte und dumme Menschen ab.

628. Das mancher in einer Liebe nicht glücklich ist, kommt daher, dass er aus Angst, nicht liebenswert zu sein, Eigenschaften vortäuscht, die er nicht hat.

629. Es gibt Wahrheiten, die wir nicht als wahr gelten lassen, wenn sie den Stempel des Vorurteils tragen.

630. Das Aufdecken von Vorurteilen ist eine Leidenschaft der mittelmäßig Klugen, da es ein sicherer Weg ist, als klug und gut zu gelten.

631. Mit Begeisterung decken wir nur die Vorurteile anderer auf.

632. Ältere, die würdevoll altern, sind selten.

633. Oft nimmt die Gier nach Geld, Ruhm und Besitz im Alter nicht ab (und somit nicht die Beschränktheit…), obwohl die Lebenszeit abnimmt. Die Gier ist eine Gefühlsfontäne und prickelnde Lust, deren Glück größer scheint als das der Weisheit. Darum sind auch viele Ältere heute süchtig nach den Kicks der Habgier, was wahre Größe und Weitsicht unmöglich macht.

634. Wir würden Ältere nicht ignorieren, würden wir unser eigenes Alter nicht ignorieren.

635. Man benötigt Logik und Unlogik im Leben, und fast immer ist es die Unlogik, die uns die Grenzen unserer Logik

erkennen lässt.

636. Die Liebe ist nicht selten eine Leine, die uns an Menschen bindet, die es weniger verdienen als andere. Die Liebe ist so ungerecht wie die Welt.

637. Wir lassen Erfolge nicht gelten, wenn sie jemand errang, den wir verabscheuen.

638. Wir bemerken fast nie, wann unser Ehrgeiz übermäßig wird und er uns von den Zielen abbringt, die wir durch ihn erreichen wollen.

639. Die Freude, die Geizige beim Sparen fühlen, ist kleiner als die, die ihr Geiz zerstört.

640. Nicht das Sparen ist uns wichtig, sondern das Gefühl, gespart zu haben.

641. Es fällt uns schwerer, kleine Summen auszugeben als große.

642. Fast jede Großzügigkeit erlischt, wenn sie nicht gewürdigt wird.

643. Gier und Geiz liegen dicht beieinander.

644. Wahre Klugheit ist zweifelnd und unsicher - auch gegenüber sich selbst.

645. Der Vorteil, klug zu sein, wird zum Nachteil, sobald die Klugheit unsrer Eitelkeit gehorcht. Unser Verstand ist nur ein Diener des Verlangens, das uns gerade beherrscht. Und je klüger er denkt, umso mächtiger werden auch die ihn regierenden Kräfte und Wünsche. Unabhängig davon kann der Verstand im tiefen, freien Denken selber zum brennenden

Verlangen werden, das er nicht mehr steuern kann. Unser Verstand ist genauso ein Trieb wie unsere Lust.

646. Viele Frauen sind zu sehr in ihrer Logik gefangen und nehmen das Gegebene als zu gegeben.

647. Man vergisst seine Überheblichkeit, wenn man lange überheblich ist.

648. Die Freigeisterei mancher ist nur die kopierte Freigeisterei anderer.

649. Die Welt ist eine Bühne, wo jeder Nebendarsteller glaubt, der Hauptdarsteller zu sein.

650. Unsere Lust am Schlechten, unsere Sensationsgier, unser Ergötzen am Scheitern anderer, die Relativierung eigenen Leids, unsere Schadenfreude, unsere Langeweile, unsere Sucht, mehr zu wissen als andere, all das treibt unsere Neugier an, obgleich wir ihr vernünftige Gründe unterlegen.

651. Die Schläge, die unsere Eitelkeit hinnehmen muss, machen sie noch stärker. Und was ihr auf einem Gebiet entging, das erstrebt sie auf einem anderen.

652. Wahrheiten, die nicht unserer Eitelkeit schmeicheln, missachten wir genauso wie Wahrheiten, die nicht in unser Bild der Welt passen.

653. Die Zeit, die faule Leute haben, ermöglicht ihnen es, Tarnungen und Rechtfertigungen für ihre Faulheit zu erdenken. Anderen ein schlechtes Gewissen einzuflüstern gehört ebenso dazu, wie das Kitzeln ihrer Eitelkeit.

654. Aus Eitelkeit verschachteln oder vereinfachen wir die

Wahrheit oft.

655. Die Gutherzigkeit unserer Mütter sollte die Welt leiten.

656. Männer sind auf anderen Gebieten maßlos und geizig als Frauen.

657. Der weibliche Scharfsinn ist scharf und blind zugleich.

658. Es gibt viele Frauen, die nur rücksichtsvoll gegenüber anderen, aber nicht rücksichtsvoll gegenüber sich selbst sind.

659. Ein Mehrfamilienhaus ist die Welt im Kleinen.

660. Wir verstehen uns nicht, weil wir den Kosmos nicht verstehen.

661. Das wir uns und unsere Nächsten falsch einschätzen, liegt daran, dass uns das Vertraue, wie ein undurchsichtiger Schleier, umhüllt.

662. Kaum ein Kluger ist klug genug, all seine Dummheiten zu erkennen und zu beenden. Am stärksten hindern ihn seine Eitelkeit und seine Ungeduld daran.

663. So sorgfältig wir unsere Eitelkeit auch verstecken, unsere Wut bringt sie immer wieder ans Licht.

664. Manche glauben irgendwann die Person zu sein, die sie auf Instagram vortäuschen.

665. Selbstvertrauen ist ein Pokal, der ständig neu errungen werden muss.

666. Wegen unserer Sehnsüchte und unserer Selbstzweifel schätzen wir unsere Talente selten richtig ein.

667. Jeder Staat ist eine Sekte, und somit brandgefährlich.

668. Ändert sich das Selbstvertrauen, ändert sich die Welt.

669. Selbstzweifel sind Bohrer, die sich tiefer und tiefer in die Seele drehen und wohl keiner, der an seinen Talenten zweifelt, ahnt, wie sehr seine Selbstunsicherheit seine Talente begrenzen.

670. Arroganz ist mitunter der Glaube, nicht schön zu sein.

671. Unsere Vorstellungen über das, was wir vermögen, begrenzen, was wir vermögen.

672. Mancher ist nur warmherzig, weil er nicht an sich glaubt.

673. Niemand war so barbarisch wie moderne Europäer.

674. Wie wenig sich unsere Habgier und unsere Vernunft berühren und wie unabhängig sie voneinander in uns wirken, das zeigte das Kolonialreich gieriger, vernünftiger Europäer.

675. Es gäbe weniger Böses, würden es Medien weniger oft zeigen.

676. Für eine neue Ordnung sind wir nur solange, solange sie nicht da ist.

677. Wir könnten unser Leben auf viele Arten führen und auf hunderten Wegen unsere Jahre durchschreiten. Doch fehlt es uns oft an Mut, Geduld und Phantasie das für uns Beste herauszufinden. Wir wählen den bequemsten Weg, wobei dieser fast immer der unbequemere ist.

678. Viele Frauen haben nur Mitgefühl für andere.

679. Nichts verärgert emanzipierte Frauen mehr als wenn sie nicht auf alte Art hofiert werden.

680. Unser Feuer für unsere Freunde brennt stärker, wenn sie unserer Eitelkeit schmeichelten.

681. Die Eigenheiten unseres Partners tolerieren wir solange, solange wir ihn lieben.

682. Es gibt entweder Selbstüberschätzung oder Selbstunterschätzung. Dazwischen ist nichts.

683. So wie der Wind Bäume verbiegt, so verbiegt uns unser Verlangen nach Liebe.

684. Wenn man liebt, ist es leicht, eine neue Liebe zu finden.

685. Gemeinheit ist manchmal Rache für unerwiderte Liebe.

686. Die meiste Liebe bekommen selten die wahrhaft Liebensbenswerten.

687. Unser Wissen vergrößert nicht selten unser Unwissen.

688. Die Liebe kann nicht fliegen, wenn man von der Liebe seine Flügel bekommen will.

689. Manche Berühmtheiten zeigen eine gespielte Bescheidenheit und Verachtung des Ruhms, was darauf abzielt, den eigenen Glanz noch zu vergrößern.

690. So wie wir andere immer wieder neu kennenlernen, so lernen wir auch uns selbst immer wieder neu kennen.

691. Ob wir gerecht oder ungerecht sind, hängt weniger von unseren Prinzipien als von unserer Laune ab.

692. Der Wille steht sich oft selbst im Weg.

693. Nicht unsere Eifersucht lähmt uns, sondern unser Bemühen, sie zu verstecken. Die Eifersucht ist ein Schmerz des Herzens. Unsere Scham über unsere Eifersucht ist ein Schmerz unseres Stolzes, der uns meist stärker hemmt als unser verwundetes Herz.

694. Da jeder glaubt, etwas besonders zu sein, ist es am ehesten derjenige, der nicht glaubt, eine große Ausnahme zu sein.